AF200149

Siegfried Frank

Der Rechtscharakter der durch die deutsche

Sozialgesetzgebung geschaffenen Unterstützungsansprüche

Inaugural-Dissertation

Siegfried Frank

Der Rechtscharakter der durch die deutsche Sozialgesetzgebung geschaffenen Unterstützungsansprüche
Inaugural-Dissertation

ISBN/EAN: 9783744711524

Hergestellt in Europa, USA, Kanada, Australien, Japan

Cover: Foto ©Suzi / pixelio.de

Weitere Bücher finden Sie auf **www.hansebooks.com**

Der

Rechtscharakter

der durch die

deutsche Sozialgesetzgebung

geschaffenen Unterstützungsansprüche.

Inaugural-Dissertation

verfasst und der

hohen Juristen-Fakultät

der

K. Bayer. Friedrich-Alexander-Universität Erlangen

zur

Erlangung der juristischen Doctorwürde

vorgelegt von

Siegfried Frank

Rechtspraktikant am K. Amtsgerichte Fürth.

Halberstadt

H. Meyer's Buchdruckerei.

1891.

Dem Andenken

seines

edlen Vaters

in Ehrfurcht

gewidmet

vom Verfasser.

§ 1.

Die Stellung der Unterstützungs-Ansprüche in der Sozialgesetzgebung.

Die durch die moderne Sozialgesetzgebung Deutschlands den Arbeitern und anderen Berufsständen gewährten wirtschaftlichen Vorteile finden ihren rechtlichen Ausdruck in den denselben zustehenden Forderungen gegenüber den verpflichteten Rechtssubjekten. Um die rechtliche Natur dieser Unterstützungsansprüche[1]) zu begründen, darf man dieselben nicht für sich allein losgelöst von allen anderen zugleich mit ihnen und um ihrer willen geschaffenen Instituten und Rechtsgebilden betrachten, sondern muss sowohl die letzteren wie auch den Zweck der Sozialgesetzgebung mit in Berücksichtigung ziehen. Der Zweck dieser Gesetzgebung ist unbestritten der, bestimmten wirtschaftlich schwachen Berufsständen wirtschaftliche Vorteile auf Kosten der Gesamtheit zu gewähren.

Zur Rechtfertigung dieses Zweckes hat die Staatsgewalt dem Staatsbegriff ein neues Moment beigemischt; sie hat zu den Pflichten des Staates auch die zugefügt,

---

[1]) Der Verfasser gebraucht diesen Ausdruck für sämtliche durch die einzelnen Gesetze geschaffenen Unterstützungen und in neutralem Sinne künftighin in der Abkürzung U.-A.

dass derselbe den wirtschaftlich Schwachen seiner Unterthanen in gewissen Zuständen wirtschaftliche Unterstützung gewähren muss. Diese sozialistisch angehauchte Auffassung des Staatsbegriffes kommt in der allerhöchsten Botschaft vom 17. November 1881 zu klarem Ausdruck. So heisst es an einer Stelle: „Wir würden mit umso grösserer Befriedigung auf alle Erfolge zurückblicken, wenn es uns gelänge, dereinst das Bewusstsein mitzunehmen, den Hilfsbedürftigen grössere Sicherheit und Ergiebigkeit des Beistandes, auf den sie Anspruch haben, zu hinterlassen." An einer anderen Stelle heisst es: „Auch diejenigen, welche durch Alter oder Invalidität erwerbsunfähig werden, haben der Gesamtheit gegenüber einen begründeten Anspruch auf höheres Mass staatlicher Fürsorge, als ihnen bisher hat zu Teil werden können."

Wie alle Ideen und Begriffe, so sind auch die juristischen Ideen und Begriffe dem Gesetze der Entwickelung unterworfen, und daraus in Verbindung mit den die Gegenwart beherrschenden politischen Strömungen erklärt es sich, wie der moderne Staatsbegriff einen sozialistisch gefärbten Charakter angenommen hat. Dem durch die Sozialgesetzgebung aufgestellten staatsrechtlichen Grundsatz, dass es Pflicht des Staates ist, den wirtschaftlichen Schwachen in gewissen Zuständen Schutz zu gewähren, entspricht nun das Recht des einzelnen Staatsbürgers auf diesen Schutz. Unter welchen formellen und materiellen Voraussetzungen dieser Schutz seitens des Staates eintritt, ist Sache der positiven Gesetzgebung. Die deutsche Sozialgesetzgebung gewährt diesen Schutz den nach der heutigen Gesellschaftsordnung wirtschaftlich schwächsten Berufsständen, doch

ist der Kreis der schutzberechtigten Personen in den
einzelnen Gesetzen verschieden gezogen.[2])

Die Möglichkeit, diesen Schutz zu gewähren, kann
eine sehr verschiedene sein, jedoch je nach der Art
und Weise, wie der Staat diesen Schutz gewährt, ist
auch die rechtliche Natur der den Einzelnen gewährten
Schutzansprüche verschieden. Die einfachste und zugleich das staatsbürgerliche Recht auf wirtschaftlichen
Schutz klar zur Anschauung bringende Art wäre die
gewesen, wonach der Staat den Schutzberechtigten
einen gesetzlich fixierten Anspruch auf Unterstützung
gewähren und die zur Deckung der Unterstützungen
notwendigen Mittel von der Gesamtheit d. i. auf dem
Steuerwege erheben würde.

Diese einfache Art der Schutzgewährung kennt
die deutsche Sozialgesetzgebung nicht, dieselbe hat vielmehr einen sehr komplizierten Weg eingeschlagen, indem sie einmal die aus den Gesetzen Schutzberechtigten
selbst mit zur Deckung der nötigen Mittel herbeigezogen,
ferner nicht dem Staat direkt, sondern denjenigen
Ständen, welche die Arbeitskraft der Schutzberechtigten
benützen, den Arbeitgebern die Aufbringung des anderen
Teiles der nötigen Mittel auferlegt hat.

Zur Erfüllung dieser Art der Schutzgewährung
haben die die Sozialgesetzgebung bildenden einzelnen
Gesetze folgende Rechtsgrundsätze und Rechtsinstitute
geschaffen:

---

[2]) Vgl. § 1 K.-V.-G. § 1 U.-V.-G. § 1 I.- u. A.-V.-G.
Statt die einzelnen Kategorien aufzuführen, wird der Verfasser
kurzweg die der Arbeiter, als die umfassendste und hauptsäch-
lichst berücksichtigte fernerhin anführen.

I. den öffentlich rechtlichen Versicherungszwang

d. i. die Verpflichtung zur Teilnahme an den geschaffenen
Organisationen und zur Erfüllung der in Bezug auf die
Versicherung gegebenen Vorschriften.

II. die öffentlich rechtliche Pflicht der Schutzberechtigten zur Leistung von Beiträgen.

a) Nach § 5 Abs. 2 K.-V.-G. hat die Gemeinde das
Recht, von denjenigen, welche an der Gemeinde-
Krankenversicherung teilnehmen, Krankenversiche-
rungsbeiträge zu erheben. Nach § 29 Abs. 1 K.-
V.-G. sind die Schutzberechtigten als Mitglieder
der Ortskrankenkasse zu Beiträgen verpflichtet und
zwar gemäss § 52 zu zwei Drittteilen der von den
Kassen überhaupt zu erhebenden Beiträgen.

b) Nach dem U.-V.-G. haben die Schutzberechtigten
keine Beiträge zu liefern. Weiter unten wird sich
zeigen, ob der aus diesem Gesetze entspringende
Unterstützungsanspruch dadurch in seiner rechtlichen Natur beeinflusst wird und sich von den
übrigen Unterstützungsansprüchen unterscheidet.

c) Nach § 98 I.- und A.-V.-G. haben die Schutzberechtigten die Hälfte der von den Versicherungsanstalten zu erhebenden Beiträge zu leisten.

III. Die öffentlich rechtliche Pflicht der Arbeitgeber zur Leistung von Beiträgen.

Die Statuierung dieser Rechtspflicht ist der Aus-
fluss des Grundsatzes, nach welchem die wirtschaftlichen
Vorteile der Schutzberechtigten fremdem Vermögen, den
Kosten der Gesamtheit, für welche die Arbeitgeber substituiert sind, entspringen.

a) Nach § 52 K.-V.-G. haben die Arbeitgeber ein Drittel der Beiträge, welche auf die von ihnen beschäftigten versicherungspflichtigen Personen entfallen, aus eigenen Mitteln zu leisten.

b) Nach § 10 U.-V.-G. werden die Mittel zur Deckung der von den Berufsgenossenschaften zu leistenden Entschädigungsansprüche und Verwaltungskosten durch Beiträge von den Mitgliedern der Berufsgenossenschaften d. i. den Arbeitgebern aufgebracht.

c) Nach § 19 Abs. 2 I.- und A.-V.-G. werden die Beiträge an die Versicherungsanstalten zur Hälfte von den Arbeitgebern aufgebracht. Ausserdem gewährt das Reich einen Zuschuss zu jeder thatsächlich zu zahlenden Rente. In diesem Sinne ist der zwischen Abs. 1 und Abs. 2 des § 19 I.- und A.-V.-G. bestehende Widerspruch zu lösen. Der Abs. 1 enthält eine falsche Formulierung des dem Gesetzgeber vorgeschwebten Gedankens, wie er im Abs. 2 und anderen Bestimmungen richtig zum Ausdrucke gelangt ist. Der Rechtscharakter dieses staatlichen Zuschusses wird unten näher dargelegt, derselbe ist der unverhüllte Ausdruck des Grundsatzes, dass die den Schutzberechtigten gewährten wirtschaftlichen Vorteile auf Kosten der Gesamtheit zu gewähren sind.

IV. Versicherungsorganisationen,

d. s. Ortskrankenkassen, Berufsgenossenschaften und Versicherungsanstalten.

Diese sind die Träger der Verpflichtung zur Leistung der U.-A., die Schuldner. Sie kommen in dieser Eigen-

schaft nur als juristische Personen des bürgerlichen Ver-
kehrs, als privatrechtliche Rechtssubjekte in Betracht.
Ihr Rechtscharakter, welchen zu finden hier nicht der
Ort ist, geht jedoch weit über den privatrechtlichen
hinaus.[3]) Den Genossenschaften liegt ferner ob die Erhebung und Beitreibung der von Arbeitgebern und
Arbeitern zu leistenden Beiträge.

V. Die Unterstützungs-Ansprüche.

Dieselben sind die Darstellung der konkreten
Schutzberechtigung. Sie zerfallen in folgende Klassen:
a) den Anspruch auf Krankenunterstützung bei Eintritt
   einer Krankheit,[4]) .
b) den Anspruch auf Ersatz des Schadens, welcher
   durch Körperverletzung oder Tötung entsteht, auch
   bezeichnet als Entschädigungsforderung, Entschädi-
   gungsanspruch, Anspruch auf Unfallrente,[5])
c) den Anspruch auf Gewährung einer Invaliden-
   beziehungsweise Altersrente[6]) bei Eintritt einer
   dauernden Erwerbsunfähigkeit bezw. bei Eintritt
   der Vollendung des siebzigsten Lebensjahres.

Die U.-A. sind der Zweck der Sozialgesetzgebung,
und um ihrer willen sind die vorher genannten Grundsätze und Institute geschaffen worden.

Wir gelangen zu dem Resultate, dass in der Sozialgesetzgebung der staatsrechtliche Grundsatz aufgestellt
ist, dass der Staat verpflichtet ist, die wirtschaftlich

---

[3]) Vgl. Rosin, das Recht der öffentlichen Genossenschaft,
Freiburg. § 5.
[4]) §§ 5, 20 u. ff. K.-V.-G.
[5]) §§ 5 u. ff. U.-V.-G.
[6]) §§ 9 u. ff. I.- u. A.-V.-G.

Schwachen auf Kosten der Gesamtheit zu unterstützen in gewissen Zuständen, und dass das dieser Pflicht entsprechende staatsbürgerliche Recht auf wirtschaftlichen Schutz sich verkörpert und darstellt in den von der Sozialgesetzgebung gewährten U.-A. Diese sind an die Stelle des staatsbürgerlichen Rechts auf wirtschaftlichen Schutz des Staates getreten.

§ 2.
Das rechtliche Fundament der Unterstützungs-Ansprüche.

Im vorhergehenden Paragraph ist gezeigt worden, dass alle von den einzelnen Versicherungsgesetzen statuierten Grundsätze, Organisationen und Pflichten nur dem Zwecke dienen, die den Schutzberechtigten gewährten Unterstützungs-Ansprüche zu schaffen und zu ermöglichen. Daraus folgt, dass diese durch die Gesetze zur Existenz gelangten Rechtsgebilde unter sich, und insbesondere in Beziehung auf die Unterstützungs-Ansprüche in einer rechtlichen Verbindung stehen müssen. Diese rechtliche Verbindung kann juristisch nur ein Rechtsverhältnis sein und so ist ein dreiseitiges Rechtsverhältnis als die Grundlage der einzelnen, durch die Gesetze geschaffenen Rechtsverhältnisse, insbesondere auch der Unterstützungs-Ansprüche anzunehmen.

Allein die Annahme eines solchen dreiseitigen Rechtsverhältnisses ermöglicht eine wissenschaftliche Durchdringung und systematische Erfassung des von der Sozialgesetzgebung produzierten Rechtsstoffes und der mannigfachen Rechtsbeziehungen. Die Annahme dieses dreiseitigen Rechtsverhältnisses lässt sich auch aus den Bestimmungen der Gesetze rechtfertigen.

Die Gesetze beginnen in ihren ersten Paragraphen mit den Worten: „Die Arbeiter sind zu versichern", fahren dann ohne Andeutung eines Zusammenhanges fort „Gegenstand der Versicherung ist" und reihen daran die Bestimmungen über die Aufbringung der Mittel. Sämtliche Gesetze jedoch enthalten in ihrem ersten Paragraph die Worte: „nach Massgabe dieser Bestimmungen." Man muss nun annehmen, dass der Gesetzgeber bei dem Gebrauche dieser Worte den Sinn im Auge hatte, dass mit dem Eintritt der Versicherung zugleich auch sämtliche um deren willen geschaffenen Rechtsbeziehungen zur Existenz gelangen, und insbesondere die rechtliche Verbindung zwischen den Schutzberechtigten und den Trägern der Versicherung zustande kommt. .

Das Versicherungsverhältnis ist ein dreiseitiges; es umfasst daher drei einzelne Rechtsverhältnisse und diese sind:

a) dasjenige zwischen Arbeitgebern und Arbeitern,

b) dasjenige zwischen den Versicherungsträgern (d. s. den Krankenkassen, Berufsgenossenschaften, Versicherungsanstalten im technischen Sinne) und den Arbeitgebern,

c) dasjenige zwischen den Arbeitern und den Versicherungsträgern. Der hauptsächlichste Inhalt dieses letzteren zweiseitigen Unterrechtsverhältnisses des dreiseitigen Versicherungsverhältnisses sind nun die Unterstützungs-Ansprüche.

Daraus ergiebt sich, dass das Vorhandensein der Unterstützungs-Ansprüche voraussetzt das Vorhandensein des dreiseitigen Versicherungsverhältnisses; ohne Versicherungsverhältnis keine Unterstützungsansprüche. Das Versicherungsverhältnis entsteht durch Gesetz, d. h. es entsteht ipso iure, sobald die vom Gesetze vorausgesetzten Thatsachen vorhanden sind. Diese Thatsachen sind der Zustand der Beschäftigung der Schutzberechtigten in gewissen Betrieben. Mit Entstehung des Versicherungsverhältnisses entstehen zugleich alle von den Gesetzen geschaffenen Rechtsbeziehungen, soweit nicht für solche weitere Voraussetzungen verlangt werden.

§ 3.

Entstehung der Unterstützungs-Ansprüche.

Es ist nun die Entstehung der Unterstützungs-Ansprüche klarzustellen, um zu prüfen, ob ihre Entstehung irgend welchen Einfluss auf die rechtliche Natur derselben übt. Im vorhergehenden Paragraph ist gezeigt worden, dass die Unterstützungs-Ansprüche das Versicherungsverhältnis zur Voraussetzung haben, woraus sich ergiebt, dass auch ihre Entstehung mit der Entstehung des Versicherungsverhältnisses im Zusammenhang stehen muss.

a) § 19 K.-V.-G. bestimmt, dass die versicherungspflichtigen Personen mit dem Tage, an welchem sie in die Beschäftigung eintreten, Mitglieder der Ortskrankenkasse werden, dass also für die versicherungspflichtigen Personen das Versicherungsverhältnis kraft Gesetzes an

dem Tage des Anfangs der Beschäftigung entsteht.
Der § 25 K.-V.-G. sagt: „Für sämtliche Kassenmit-
glieder beginnt das Recht auf die Unterstützungen aus
der Kasse mit dem Zeitpunkte, in welchem sie Mitglieder der Kasse geworden sind. Diese beiden
Paragraphen führen nun zu dem Resultat, dass der
Unterstützungsanspruch aus dem K.-V.-G. zugleich mit
der Entstehung des Versicherungsverhältnisses und auf
dieselbe Art wie dieses entsteht. Da nun dieses durch
Gesetz entsteht, so entsteht auch der Anspruch auf
Krankenunterstützung durch Gesetz. Die rechtliche
Existenz dieses Anspruches ist begründet im Zeitpunkte
des Eintritts des Versicherungsverhältnisses. Es ist
daher gleichgültig, ob die anderen aus dem Versiche-
rungsverhältnisse resultierenden Rechte ausgeübt und
Pflichten erfüllt sind oder nicht.

b) Das U.-V.-G. weist keine Bestimmungen speziell
über die Entstehung des Anspruchs auf Unfallrente auf.
Doch ist aus §§ 1 und 5 U.-V.-G. zu folgern, dass
auch dieser Anspruch durch Gesetz und zugleich im
Zeitpunkte der Entstehung des Versicherungsverhältnisses entsteht.

c) Die §§ 1, 9 und 15 I.- und A.-V.-G. lassen keinen
Zweifel zu, dass auch der Anspruch auf Invaliden- und
Altersrente durch Gesetz entsteht, doch macht der § 15
die Entstehung dieser Ansprüche noch von der Erfüllung zweier Voraussetzungen abhängig, nämlich der Zu-
rücklegung der vorgeschriebenen Wartezeit und der
Leistung von Beiträgen. Diese Ansprüche entstehen
also nicht schon im Zeitpunkte der Entstehung des
Versicherungs-Verhältnisses, welches sie zur Voraussetzung haben, sondern erst im Zeitpunkte — und zu-

gleich mit dem Zeitpunkte der Erfüllung der vorgeschriebenen Voraussetzungen.

Es bedarf also zur Entstehung aller Unterstützungsansprüche keiner ausdrücklichen Willenserklärung, keiner Vertragschliessung; dieselben entstehen durch Gesetz, sobald die Thatsachen, an welchen sie angeknüpft sind, eingetreten sind.

Diese Ansicht ist bei fast sämtlichen Schriftstellern vertreten. Nur Häpe[7]) hält die Unterstützungsansprüche, insbesondere den auf Krankenunterstützung seiner Entstehung nach für einen vertragsmässigen und begründet diese Behauptung also: „Die Verpflichtung zum Abschluss von Krankenversicherungsverträgen ist eine öffentlichrechtliche Folge des Abschlusses gewisser im Gesetze näher bezeichneten Dienst- und Verdingungsverträgen; eventuell suppliert das Gesetz die für den Abschluss des Versicherungsvertrags erforderliche mangelnde Willenserklärung.“ Diese Ansicht ist jedoch unhaltbar, denn sie widerspricht ganz und gar dem theoretisch und praktisch unbestritten feststehenden Vertragsbegriffe, dessen juristisches Wesen eben in der vollkommenen, vom Gesetze oder sonst einem äusseren Umstand unabhängigen Willensfreiheit der Parteien besteht. Ferner bieten die Bestimmungen des K.-V.-G. keine Anhaltspunkte für den Satz, dass die Thatsache des Abschlusses gewisser Dienstverträge zugleich für die Kontrahenten die öffentlichrechtliche Verpflichtung mit sich bringe, Krankenversicherungsverträge abzuschliessen. Im Gegenteile war es die Absicht des Gesetzgebers und ist es Grundsatz der Sozialgesetz-

---

') Häpe a. a. O.

gebung, dass die U.-A. ohne und gegen den Willen der Arbeiter und der mit denselben irgendwelche Verträge abschliessenden Arbeitgeber, insbesondere ohne jede Vertragschliessung entstehen, indem, wie gezeigt worden ist, für die U.-A. der Rechtssatz gilt, dass dieselben durch Gesetz entstehen.

Von einer vertragsmässigen Entstehung der U.-A. ist in den gesetzlichen Bestimmungen[6]) nur in den Fällen die Rede, in welchen Personen, denen bisher der gesetzliche U.-A. zugestanden hat, aus der das Versicherungsverhältnis begründenden und tragenden Beschäftigung andauernd ausscheiden und dadurch auch ihres gesetzlichen U.-A. verlustig gehen würden. Solche Personen können sich die U.-A. erhalten, indem sie mit den Versicherungsträgern, welchen in diesen Fällen eine obligatio ad contrahendum auferlegt ist, einen Vertrag schliessen, welcher die Fortdauer der U.-A. unter den von den gesetzlichen Bestimmungen aufgestellten Bedingungen zum Inhalte hat. Diese so entstandenen U.-A. sind jedoch nicht eigentliche gesetzliche U.-A., sondern lediglich Folge des zwischen den Versicherungsträgern und den betreffenden Personen abgeschlossenen Vertrags, um dessen Entstehung das Gesetz sich nicht weiter bekümmert.

Ist nun die Entstehung der U.-A. durch Gesetz auf den Rechtscharakter derselben von Einfluss? Diese Frage muss im positiven Sinne verneint werden, da die Entstehung eines Anspruches durch Gesetz für die Gestaltung der rechtlichen Natur desselben irrelevant ist. Dagegen hat die gesetzliche Entstehung der U.-A.

---

[6]) § 27 K.-V.-G. § 117 I.- u. A.-V.-G.

für den Rechtscharakter derselben im negativen Sinne die Bedeutung, dass dieselben kein Rechtsgebilde darstellen können, dessen Wesen zugleich bedingt ist durch die Entstehung der vertragsmässigen Form. Diese Darlegungen gewähren das Resultat, dass für die Bestimmung der rechtlichen Natur der U.-A. wegen ihrer Entstehung durch Gesetz alle jene Rechtsfiguren ohne jede Bedeutung sind, welche nur auf dem Wege des Vertrags zur Existenz gelangen können.

-----

§ 4.

Rechtsart der Unterstützungs-Ansprüche.

Der staatsrechtliche Grundsatz, dass der Einzelne in wirtschaftlich schwachen Zuständen ein Recht auf Staatsschutz hat, kann sowohl im öffentlich-rechtlichen wie auf privatrechtlichem Wege verwirklicht werden. Ersteres ist geschehen z. B. in vielen Bestimmungen der Gewerbeordnung, in ausgedehnter Weise in dem gegenwärtig den zuständigen Organen zur Beratung unterbreiteten sog. Arbeiterschutzgesetzentwurf.

Sollen nun die U.-A. öffentlich-rechtlicher Natur sein, so müssen sich auch bei ihnen jene Kriterien finden, welche dem Anspruche öffentlich-rechtlicher Natur eigentümlich sind. Ein solcher ist vorhanden, wenn

1. sein Inhalt ein Verhalten des Einzelnen zur Staatsgewalt oder zu diese vertretenden Organen zum Gegenstande hat,

2. dieses Verhalten, sobald nicht freiwillig gewährt, von Amtswegen erzwungen werden muss, woraus sich ergiebt, dass

2

3. ein Anspruch öffentlich-rechtlicher Natur auf der einen Seite ein öffentlich-rechtliches Organ als solches voraussetzt.

Das erste der aufgestellten wesentlichen Rechtsmomente eines öffentlich rechtlichen Anspruches trifft für die U.-A. nicht zu, denn dieselben sind Forderungen, welche zum Inhalte eine bestimmte Geldsumme oder in Geldeswert ausdrückbare Leistungen⁹) haben, aber nicht im Mindesten ein Verhalten des Schutzberechtigten gegenüber der Staatsgewalt regeln. Ebensowenig trifft für die U.-A. das zweite Rechtsmoment der Geltendmachung von Amtswegen zu. Die Geltendmachung der U.-A. hängt lediglich vom Willen des Berechtigten¹⁰) ab; es bietet sich in den gesetzlichen Bestimmungen auch nicht der leiseste Anhaltspunkt dar, dass die Erfüllung der U.-A. bei dem Vorhandensein aller rechtlichen Voraussetzungen von der Staatsgewalt beaufsichtigt und eventuell von Amtswegen erzwungen wird. Der Berechtigte kann zwar auf Erfüllung klagen, aber es ist vollständig in sein Belieben gestellt, ob er solches will.¹¹) Ferner besitzt auch keines der zum U.-A. berechtigten oder verpflichtenden Rechtssubjekt die Eigenschaft eines öffentlich-rechtlichen Organs. Denn wenn auch die Versicherungsträger, die Krankenkassen, Berufsgenossenschaften, Versicherungsanstalten einen mehr als privatrechtlichen Charakter an sich tragen, so kommen

---

⁹) §§ 6, 7, 20 ff. K.-V.-G. §§ 5, 6 U.-V.-G. §§ 25 ff. I.- u. A.-V.-G.

¹⁰) § 58 K.-V.-G. §§ 51 ff. U.-V.-G. §§ 75 ff. I.- u. A.-V.-G.

¹¹) Nach dem U.-V.-G. ist scharf zu unterscheiden zwischen der von Amtswegen eintretenden Feststellung der Unfallrente im einzelnen Falle, und der Geltendmachung des Rechts auf dieselbe, welche in das Belieben des Berechtigten gestellt ist.

sie in Beziehung auf die Erfüllung der U.-A. nur als juristische Personen des Privatrechts in Betracht, als gewöhnliche Schuldner. Die U.-A. sind also nicht öffentlich-rechtlicher Natur, sie können daher nur privatrechtlichen Charakters sein.

Für die privatrechtliche Natur der U.-A. sprechen ausserdem noch folgende Gründe.

1. Es ist oben gezeigt worden, dass die U.-A. das dreiseitige Versicherungsverhältnis zur Grundlage haben und die Rechtsbeziehung zwischen den Schutzberechtigten und den verpflichteten Versicherungsträgern darstellen. Wie nun das Versicherungsverhältnis in seinen drei Richtungen privatrechtlicher Natur ist, müssen es auch die U.-A. sein.

2. Für die Unterstützungsansprüche gilt der Fundamentalsatz des Privatrechts, dass die Geltendmachung derselben und die Ausübung des in denselben verkörperten Rechtes ganz und gar von dem Willen der Berechtigten abhängt.

3. Das öffentliche Interesse, welches für die Schaffung der Sozialgesetzgebung massgebend war, steht dem privatrechtlichen Charakter nicht entgegen. Diesem ist Genüge geschehen, einmal indem für Diejenigen, in deren Interesse diese Gesetzgebung geschaffen ist, der Versicherungszwang eintritt, ferner die Entstehung der Unterstützungsansprüche kraft Gesetzes erfolgt, und endlich zur Aufbringung der Mittel auch andere Personen als die speciell Berechtigten herbeigezogen wurden.

4. Ferner trifft für die Unterstützungsansprüche auch der nur bei Gebilden des Privatrechts vorkommende Grundsatz zu, dass der Leistung auf der einen Seite eine Leistung auf der anderen Seite gegenüber steht. Dies gilt zwar nicht in dem Sinne, dass die Verpflich-

tung der Versicherungsträger zu den Leistungen wie bei
Realverträgen dadurch entstünde, dass die Leistung von
Seiten der Unterstützungsberechtigten zuerst erfolgen
und erfolgt sein müssten, eben deswegen, weil die Unterstützungsansprüche durch Gesetz entstehen, aber die
Leistungen auf beiden Seiten sind doch in materieller
Hinsicht wesentlich. Den Leistungen der Ortskrankenkassen stehen die Beiträge der Arbeiter und Arbeitgeber gegenüber, den Leistungen der Berufsgenossenschaften die Beiträge der Mitglieder derselben, d. i. der
Arbeitgeber, den Leistungen der Versicherungsanstalten
die Beiträge der Arbeiter und Arbeitgeber. Ja der
Anspruch auf Invaliden- und Altersrente entsteht, wenn
auch durch Gesetz, doch erst in dem Zeitpunkte, in
welchem die Leistungen von Seiten des Berechtigten
bereits während einer Reihe von Jahren erfolgt sind.[12]
Dass die Leistungen der Berechtigten in Beziehung auf
die Verpflichtung der Versicherungsträger zu ihren
Leistungen materiell wesentlich sind, ergiebt sich besonders aus der Wirkung, welche das Aufhören der
Beiträge seitens der Berechtigten auf die Dauer der
gesetzlich entstandenen Ansprüche ausübt. § 27 K.-
V.-G. bestimmt, dass die Ansprüche erlöschen, wenn
die Beiträge an zwei aufeinanderfolgenden Zahlungs-
terminen nicht geleistet werden. Ebenso erlischt nach
§ 32 I.- und A.-V.-G. der Anspruch auf Invaliden-
und Altersrente, wenn während vier auf einander folgenden Kalenderjahre für weniger als insgesammt 47
Beitragswochen Beiträge entrichtet worden sind.
Der Ansicht von der privatrechtlichen Natur der
U.-A. huldigt auch das Reichsgericht,[13] welches in Be-

---

[12] §§ 15 ff. A.- und I.-V.-G.
[13] Entsch. des R.-G. in Civilsachen. Bd. 10 S. 70.

ziehung auf die U.-A. aus dem U.-V.-G. ausgesprochen
hat: „Den Entschädigungsansprüchen kann der Charakter eines wahren Gläubigeranspruches nicht bestritten
werden."

Diese Ansicht ist jedoch bestritten, es giebt Schriftsteller, welche die U.-A. als öffentlich rechtliche an-
sehen.[14])

Man hat zur Begründung dieser Ansicht angeführt,
dass die U.-A. nach Massgabe der §§ 56 K.-V.-G.,
§ 60 U.-V.-G., 40 I.- und A.-V.-G. weder übertragen,
noch verpfändet, noch gepfändet werden dürfen. Wie
der Verfasser diese Bestimmungen erklärt, wird unten
gezeigt werden. Diese Eigenschaften der U.-A. stehen
jedoch der privatrechtlichen Natur derselben nicht entgegen, da ja im humanitären Interesse dasselbe unter
gewissen Voraussetzungen nach R.-C.-P.-O.[15]) auch für
Ansprüche gilt, deren privatrechtliche Natur unbestritten
ist. Ausserdem sind jene Bestimmungen die Folge des
Zweckes der Sozialgesetzgebung, denn derselbe würde
illusorisch gemacht werden, wenn die wirtschaftlichen
Vorteile, welche durch die U.-A. den Berechtigten gewährt werden, denselben gerade in den wirtschaftlich
schwächsten Zuständen durch Verpfändung und Pfän-
dung genommen und dritten Personen zugewendet würden.

Zur Aufrechterhaltung dieser Ansicht hat man
ferner den allerdings richtigen Rechtssatz herbeigezogen,
dass die U.-A. nicht durch Willensakt, sondern durch
Gesetz entstehen. Aber wer kann den Beweis erbringen, dass der Anspruch, welcher durch Gesetz
entsteht, deshalb ein öffentlichrechtlicher ist? Im

---

[14]) So Pröbst a. a. O. S. 320 ff. Rosin a. a. O. S. 352 ff.
Bornhack a. a. O. S. 455, Piloty a. a. O. S. 168.
[15]) § 749.

Gegenteile ist in der heutigen Rechtswissenschaft zweifellos festgestellt, dass die Entstehung eines Anspruchs durch Gesetz dem privatrechtlichen Charakter desselben nicht entgegensteht. So ist der Anspruch des Schriftstellers auf Entschädigung wegen unbefugter Vervielfältigung seines Werkes ein privatrechtlicher, obwohl er durch Gesetz entsteht. So ist der privatrechtliche Charakter jener mannigfaltigen erb- und familienrechtlichen Ansprüche, welche durch Gesetz in Anknüpfung an gewisse Thatsachen entstehen, unbestritten. — Die Entstehung eines Anspruches durch Gesetz weist diesen weder in das privatrechtliche noch in das öffentlichrechtliche Gebiet. Die Entstehung der U.-A. durch Gesetz hat für den Rechtscharakter derselben nur diejenige Bedeutung im negativen Sinne, welche am Ende des vorhergehenden Paragraph festgestellt wurde.

Ferner glaubte man die öffentlichrechtliche Natur der U.-A. darin zu finden, dass die Geltendmachung derselben nicht auf dem ordentlichen Rechtswege, sondern auf dem Verwaltungsrechtswege stattfinde. Zuförderst ist dies nicht durchgehends der Fall. So sagt § 58 K.-V.-G.: „Streitigkeiten, welche über Unterstützungsansprüche entstehen, werden von der Aufsichtsbehörde entschieden. Gegen diese Entscheidung findet binnen 2 Wochen die Berufung auf den Rechtsweg mittelst Erhebung der Klage statt." Ferner tritt der ordentliche Rechtsweg ein in den Fällen des § 63, Abs. 2, U.-V.-G. Nach diesen Bestimmungen findet also teils die Geltendmachung auf dem Verwaltungsrechtsweg teils auf dem ordentlichen Rechtsweg statt, und hiernach würde das aufgestellte Argument ebenso gegen wie für die öffentliche Natur der U.-A. sprechen. Ausserdem kann nicht ohne weiteres zugegeben werden,

dass das durch U.-V.-G. und I.- u. A.-V.-G. konstituierte
Schiedsgericht und Reichsversicherungsamt als Entschei-
dungsorgan keine richterlichen Behörden sind. Wodurch
sollen sich diese beide Organe von richterlichen Behörden unterscheiden? Etwa weil dieselben nicht durchgehends mit Berufsrichtern, sondern mit Laien besetzt
sind? Gewiss nicht.

Sieht man übrigens von dem Gesagten ab, so müsste
doch noch von denjenigen, welche aus dem angeführten
Grunde den U.-A. die öffentliche Natur zusprechen,
der Beweis für die Existenz des Rechtssatzes erbracht
werden, dass Ansprüche, welche öffentlichrechtlicher
Natur sind, nicht der Zuständigkeit der ordentlichen
Civilgerichte, sondern derjenigen der Verwaltungs-
gerichte unterstehen. Dieser Beweis ist kaum zu erbringen. Das Reichsgericht hat in der oben angeführten
Entscheidung ausgesprochen: „Ein allgemeiner Rechtssatz des Inhalts, dass Verpflichtungen aus einem öffentlichrechtlichen Verhältnisse nicht vor die Civilbehörden
gehören, kann als für Deutschland bestehend nicht anerkannt werden.

Diese Darlegungen gewähren das Resultat, dass
die U.-A. privatrechtlicher Natur sind, und es ist nun
an die Beantwortung der Frage zu gehen, was für
privatrechtliches Gebilde die U.-A. darstellen. Dies
geschieht am zweckmässigsten durch Prüfung der aufgestellten Theorien.

§ 5.

Die aufgestellten Theorien und Kritik derselben.

Uebersicht.

Es sind folgende Theorien aufgestellt worden:
Die Unterstützungsansprüche

I. sind öffentlich-rechtlicher Natur. Diese Ansicht ist im vorhergehenden § widerlegt worden,

II. sind öffentliche Armenunterstützungen,

III. sind eine Folge der Mitgliedschaft zu den verpflichteten Versicherungsträgern,

IV. knüpfen sich an den Abschluss des Dienstvertrags zwischen den Berechtigten und den Arbeitgebern,

V. sind Schadensersatzansprüche,

VI. Versicherungsansprüche.

a. Theorie der Armenunterstützung.

Die Theorie, welche die U.-A. als Armenunterstützungen qualifiziert, ist aus folgenden Gründen unhaltbar:

1. Die U.-A. haben nicht diejenige Voraussetzung, welche die Armenunterstützung bedingt, den Zustand der Hülfsbedürftigkeit. Die U.-A. sind für alle in einem versicherungspflichtigen Betriebe beschäftigten Arbeiter bestimmt, gleichviel ob sie hilfsbedürftig oder begütert sind.

2. Die Gründe, welche den Arbeiterunterstützungen entspringen, wie Heimat, Wohnsitz treffen für die U.-A. nicht zu.

3. Die staatsbürgerlichen Nachteile, welche die Beziehung von Armenunterstützungen mit sich bringt, wie Verlust von Ehrenämtern, Unfähigkeit zum Wählen, treten in Folge der Erlangung und Erfüllung der U.-A. in keiner Weise ein.

4. Die nach der Sozialgesetzgebung Unterstützungsberechtigten leisten zu diesem Zwecke Beiträge, was für die Armenunterstützung Beziehenden nicht der Fall ist.

5. § 77 K.-V.-G. verwirft in Beziehung auf die Krankenunterstützung diese Theorie ausdrücklich: „Die auf Grund dieses Gesetzes gewährten Unterstützungen gelten nicht als öffentliche Armenunterstützungen." Es ist daher nicht unberechtigt, die Anwendung dieses Satzes auch in Beziehung für die durch das U.-V.-G. u. I.- u. A.-V.-G. geschaffenen U.-A. als der Ansicht des Gesetzgebers entsprechend zu behaupten.

b. Die Mitgliedschaftstheorie.

Diese Theorie[16] behauptet, die U.-A. seien mit der Mitgliedschaft zu den verpflichteten Versicherungsträgern verknüpfte Rechte, seien eine Folge der Zugehörigkeit zu einer öffentlich-rechtlichen Genossenschaft. Diese hauptsächlich von Gierke vertretene Theorie stellt sich als der Versuch dar, den von Gierke behaupteten Begriff der deutschrechtlichen Genossenschaft für die Bestimmung der rechtlichen Natur der U.-A. zu verwenden. Diese Theorie lässt sich jedoch auf Grund der positiven Gesetzesbestimmungen nicht aufrecht erhalten, denn weder entstehen die U.-A. zugleich mit der Mitgliedschaft, noch deckt sich deren Dauer mit der

---

[16] Gierke, a. a. O. S. 236 Anm. 1.

der Zugehörigkeit zu den Versicherungsträgern, ja dioselben bestehen zum Teil ohne jede Mitgliedschaft.

a) Nach dem .U.-V.-G. sind die Arbeiter die Unterstützungsberechtigten, dieselben sind aber nicht Mitglieder der verpflichteten Berufsgenossenschaft; Mitglieder derselben sind gemäss § 24 U.-V.-G. die Arbeitgeber. Hier stehen also Mitgliedschaft und Anspruchsberechtigung in gar keiner Verbindung.

b) Nach §§ 15 ff. I.- u. A.-V.-G. sind die Unterstützungsberechtigten jahrelang Mitglieder der Versicherungsanstalt, bevor die Ansprüche auf Invaliden- und Altersrente zur Existenz gelangen. So setzt die Erlangung des Anspruchs auf Invalidenrente eine Mitgliedschaft von 5 Jahren, die des Anspruchs auf Altersrente eine dreissigjährige Mitgliedschaft voraus. Ebenso bleibt der einmal erfüllte Anspruch auf Invaliden- und Altersrente fortgesetzt bestehen, wenn auch die Mitgliedschaft zu der Versicherungsanstalt erloschen ist.

c) Nach dem K.-V.-G. § 26 entstehen allerdings thatsächlich Mitgliedschaft und Krankenunterstützung in demselben Zeitpunkte. Daraus ist aber nicht zu schliessen, dass das Gesetz die Anspruchsberechtigung an die Mitgliedschaft schliesst, denn aus § 19 K.-V.-G. geht hervor, dass das Gesetz „Mitgliedschaft" im Sinne der Anspruchsberechtigung selbst gebraucht, im Sinne des Eintritts des Versicherungsverhältnisses. Die Mitgliedschaft im Sinne des K.-V.-G. ist die eine Seite des dreiseitigen Versicherungsverhältnisses, die Rechtsbeziehung zwischen Arbeitern und Ortskrankenkassen. Und da wie oben gezeigt wurde, der Anspruch auf

Krankenunterstützung durch Gesetz zugleich im Zeitpunkte des Eintritts des Versicherungsverhältnisses entsteht, so fallen hier Mitgliedschaft und Anspruchsberechtigung zusammen. Aus § 28 K.-V.-G. ergiebt sich, dass die Mitgliedschaft zur Ortskrankenkasse bestehen kann, während der Anspruch auf Krankenunterstützung verloren gegangen ist. Recht eigentümlich ist auch das Resultat, zu welchem die Mitgliedschaftstheorie in Beziehung auf die Rechtsnatur der U.-A. gelangt. So sagt Gierke: „Die Ansprüche sind teils Mitgliedschaftsrechte, teils Individualrechte." Diese Theorie legt also den U.-A. eine gemischte Natur, teils die öffentlichrechtliche, teils die privatrechtliche zu Grunde. Dieses naturgemässe Ergebnis der Mitgliedschaftstheorie thut von selbst die Grundlosigkeit derselben dar. Einen öffentlichrechtlichen und privatrechtlichen Charakter zugleich kann ein Anspruch nicht haben, denn die Begriffe des öffentlichen und Privatrechts sind in der heutigen Rechtswissenschaft so scharf abgegrenzt und schliessen sich so sehr einander aus, dass die Vereinigung beider in einem Rechtsgebilde unmöglich ist. Damit will nicht gesagt sein, dass einmal die Rechtswissenschaft beide Begriffe einem praktischen Bedürfnisse gehorchend einander näher bringt, indem sie die beiden Begriffe nicht mehr in einer so exklusiven Weise formuliert; lässt sich ja schon in der Gesetzgebung der Gegenwart der Zug erkennen, Gebilden des Privatrechts einen öffentlichrechtlichen Anstrich zu geben, wie z. B. in dem sog. Arbeiterschutzgesetz, in welchem der Vertragsbruch mit krimineller Strafe belegt werden soll. Die heutige Rechtswissenschatt muss solchen juristischen Zwitterschöpfungen, als welche sich auch die Gierk'sche Auffassung der Rechtsnatur der U.-A. darstellt, ihre Berechtigung und Anerkennung versagen.

c. Die Theorie des Dienstvertrags.

Diese Theorie[17]) versucht, den Arbeitsvertrag als die Basis für Entstehung und Rechtsnatur der U.-A. hinzustellen. Nach derselben[17]) „bildet das Fundament der Unfallansprüche der Dienstvertrag zwischen dem Arbeiter und dem Betriebsunternehmer, insofern die aus diesem Vertrage sich ergebende Haftung für die Betriebsunfälle erweitert wird. Den Betriebsunternehmern wird die Berufsgenossenschaft als Träger der Verhaftung substituiert" Diese Theorie ist in positivrechtlicher Hinsicht die unbegründetste aller. Diese Theorie widerspricht ganz und gar dem Vertragsbegriff, welcher es nicht zulässt, dass der Vertragsinhalt durch andere Faktoren als den Willen der Kontrahenten bestimmt wird, denn dieselbe bezeichnet das Gesetz als den unbeteiligten Faktor, welcher die Haftung für Betriebsunfälle als einen Teil der zwischen dem Arbeiter und dem Betriebsunternehmer getroffenen, nur das Dienstverhältnis regelnden Vereinbarungen feststellt. Eine Erweiterung des Vertragsinhalts durch Gesetz in dem Sinne, dass dadurch selbständige Rechte und Pflichten der Kontrahenten entstehen, wie z. B. die U.-A. der Arbeiter, ist eine juristische Unmöglichkeit.

Ausserdem spricht gegen diese Theorie, dass derjenige Betriebsunternehmer, welcher mit einem versicherungspflichtigen und anspruchsberechtigten Arbeiter einen Dienstvertrag abschliesst, überhaupt nicht der zur Erfüllung der U.-A. Verpflichtete ist, denn dieser ist

---

17) Mandry a a O. S. 434.

die Berufsgenossenschaft. Mandry glaubt nun diesem
Dilemma dadurch zu entgehen, dass er die Behauptung,
dem Betriebsunternehmer sei die Berufsgenossenschaft
als haftungsverpflichtet substituiert, aufstellt. Wie ist
aber eine juristische Begründung dieser Behauptung
und der ganzen Theorie möglich, da doch die Berufsgenossenschaft in keiner Weise beteiligt ist und weder
verpflichtet noch berechtigt wird aus dem zwischen Arbeiter und Betriebsunternehmer abgeschlossenen Dienstvertrag? Ja der Abschluss eines solchen Dienstvertrags
hat nicht einmal die Wirkung, dass derselbe die Verpflichtung des Betriebsunternehmers, der Berufsgenossenschaft, welcher seine vertragsmässige Haftung übernehmen
müsse, beizutreten, begründete. Diese Verpflichtung ist
an den Zustand des thatsächlichen Innehabens oder der
Eröffnung eines versicherungspflichtigen Betriebes ge-
knüpft. Der Abschluss von Dienstverträgen ist für die
U.-A. der Arbeiter wie für die Verpflichtung der Versicherungsträger zur Erfüllung dieser Ansprüche ohne
rechtliche Bedeutung.

Die Dienstvertragstheorie[13]) muss naturgemäss eine
vertragsmässige Entstehung der U.-A. annehmen und
steht auch in dieser Beziehung im Widerspruch mit
dem als richtig erkannten Rechtssatz, dass die U.-A.
durch Gesetz entstehen.

Der Dienstvertrag spielt in der Sozialgesetzgebung
nur eine sehr untergeordnete Bedeutung. Derselbe erweist sich als ein brauchbarer Anhaltspunkt für die
Beantwortung der Frage, ob nicht etwa für den einzelnen
Arbeiter trotz seiner Beschäftigung in einem versicher-

---

[13]) Mandry a. a. O.: „Privatrechtliche, speziell kontraktliche
oder quasikontraktliche Natur der Ansprüche und Verpflichtung
ergiebt sich bei dieser Auffassung von selbst."

ungspflichtigen Betriebe, der Versicherungszwang cessiert.
So bestimmt z. B. § 1 K.-V.-G., dass Personen in versicherungspflichtigen Betrieben, sofern ihre Beschäftigung durch den Arbeitsvertrag im Voraus auf einen Zeit-
raum von weniger als einer Woche beschränkt ist, nicht
zu versichern sind. Diese Bestimmung findet sich aber
nur im K.-V.-G.

d. Die Schadensersatztheorie.

Diese Theorie bezeichnet die U.-A. als Schadensersatzansprüche. Die Zustimmung muss jedoch auch
dieser Theorie versagt werden, denn gerade das juristisch
bestimmende und begründende Element einer Schadensersatzforderung, die Schuld auf Seite des Schadensersatzpflichtigen fehlt bei den U.-A. Krankenkassen, Berufsgenossenschaften, Versicherungsanstalten haben die U.-A.
zu erfüllen, ohne dass ihr Verhalten im Geringsten Ur-
sache ist zu dem die Erfüllung der U.-A. begründenden
Ereignisse auf Seite der Anspruchsberechtigten.

Ja, die Verpflichtung zur Erfüllung der U.-A.
seitens der Versicherungsträger findet sogar statt, wenn
der Berechtigte selbst die Krankheit oder den Betriebs-
unfall schuldhaft herbeigeführt hat. § 5 Abs. 7 U.-
V.-G. sagt: „Dem Verletzten und seinen Hinterbliebenen
steht ein Anspruch nicht zu, wenn er den Betriebs-
unfall vorsätzlich herbeigeführt hat." Der U.-A.
cessiert also nicht, wenn dem Berechtigen auch culpa
nachgewiesen werden kann. Denselben Rechtssatz enthält auch § 26 Abs. 4 K.-V.-G.: „Das Kassenstatut
kann bestimmen, dass Mitgliedern, welche sich die
Krankheit vorsätzlich zugezogen haben, eine Unterstützung gar nicht oder nur teilweise zu gewähren ist.

Ferner ist gegen diese Theorie der Einwand zu er-

heben, dass ein Schaden, welcher bei Geltendmachung
einer Schadensersatzforderung notwendig auf Seite des
Berechtigten vorhanden sein muss, bei Geltendmachung
der U.-A. nicht vorhanden zu sein braucht. So erhält
die Invalidenrente „jeder, der dauernd erwerbsunfähig
ist" und die Altersrente jeder, der das 70. Lebensjahr
vollendet hat, ohne dass er des Nachweises des Eintritts eines Schadens bedarf.

Richtig ist, dass das U.-V.-G. das Wort „Schadensersatz" in vielen Bestimmungen gebraucht, so besonders
in § 5: „Gegenstand der Versicherung ist nach Massgabe der nachfolgenden Bestimmungen der Ersatz des
Schadens, welcher durch Körperverletzung oder Tötung
entsteht." Der Gesetzgeber gebraucht jedoch das Wort
„Schadensersatz" nur teils als Umschreibung der Unterstützungsansprüche, teils nur als Sammelname für die
die Unfallrente bildenden Einzelleistungen, in keiner
Weise wollte derselbe aber mit dem Worte „Schadensersatz" eine rechtliche Qualifikation der aus dem U.-V.-
G. entspringenden U.-A. als Schadensersatzansprüche im
Rechtssinne geben. Beweis dafür ist, dass der Gesetzgeber neben dem Unterstützungsanspruch die wirkliche
Schadensersatzforderung, wenn auch unter objektiv
erschwerten Voraussetzungen, bestehen lässt. So heisst
es in § 95 U.-V.-G. „die nach Massgabe dieser Gesetze
versicherten Personen können einen Anspruch auf
Ersatz des in Folge eines Unfalls erlittenen Schadens
nur gegen diejenigen Betriebsunternehmer . . . geltend
machen, welche . . . Aehnlich § 96 u. 98 U.-V.-G.
In diesen Bestimmungen spricht das Gesetz von wirk-
lichen Schadensersatzansprüchen.

Wäre nun die Schadensersatztheorie richtig, so
gäbe es nach den gesetzlichen Bestimmungen für die

Unterstützungsberechtigten infolge ein und desselben Ereignisses aus ein und demselben Rechtsgrunde zwei Schadensersatzansprüche, es gäbe aber auch zwei Schadensersatzverpflichtete, nämlich die Berufsgenossenschaft und den Schadensersatzpflichtigen im Sinne der § 95 ff. Dieses folgerichtige Ergebnis der Schadensersatztheorie ist juristisch ein Unding und so ist dieselbe wie vom rechtswissenschaftlichen Standpunkte auch auf Grund der gesetzlichen Bestimmungen zu verwerfen.

e. Die Versicherungstheorie.

Diese Theorie hält die U.-A. für Versicherungsansprüche. [19]

Vor Allem glaubt der Verfasser darauf hinweisen zu müssen, dass der Umstand, dass die Gesetze die Worte „versicherungspflichtig, Versicherungsverhältnis, Versicherung" gebrauchen, weder ein Argument für, noch gegen diese Theorie bilden kann. Es bieten die Gesetze keine Anhaltspunkte dafür, dass der Gesetzgeber den Rechtscharakter der U.-A. nach dieser oder jener Richtung bestimmen wollte.

Es giebt Schriftsteller, welche die Versicherungsnatur der U.-A. deshalb bestreiten, weil dieselben durch Gesetz entstehen, die Versicherung aber nur durch Vertrag zur Existenz gelangen könne. [20] Diesen Schriftstellern muss entgegengehalten werden, dass der Rechtsbegriff der Versicherung nicht als wesentliches Merkmal

---

[19] So Kühne a. a. O. Menzel a. a. O. auch Hüpe. Um die Versicherungsnatur zu retten, stellt dieser Schriftsteller jene oben bekämpfte gekünstelte Theorie von der vertragsmässigen Entstehung der U.-A. auf, da für ihn die Versicherung nur auf vertragsmässigem Wege zu stande kommen kann.

[20] So Pröbst a. a. O. auch Hüpe.

die Entstehung der vertragsmässigen Form in sich
schliesst. Der Versicherungsbegriff findet auch auf
durch Gesetz entstehende Rechtsverhältnisse Anwendung, wenn für dieselben die Grundsätze des Versicherungsrechts zutreffen. Wenn Pröbst a. a. O.
meint, dass unser positives Recht die Entstehung der Versicherung auf andere Weise als durch Vertrag nicht
kennt, so befindet er sich im Irrtum, wenn auch die
vertragsmässige Form der Entstehung der Versicherung
überwiegend häufiger vorkommt. So tritt die Versicherung gewisser Gebäude kraft Gesetzes ein nach Art. 3
des bayrischen Gesetzes vom 3. April 1875. Ebenso
entsteht die Versicherung hypothekarisch belasteter
Anwesen kraft Gesetzes und gegen den Willen der
Eigentümer auf Antrag der Hypothekargläubiger nach
Art. 41 des bayrischen Hypotheken - Gesetzes vom
1. Juni 1822.

Die Versicherungsnatur der U.-A. kann deshalb
nicht zugegeben werden, weil für dieselben wesentliche
Grundsätze des Versicherungsrechts keine Geltung
haben.

a) Der Grundsatz des Versicherungsrechts, dass
die Versicherung nur den Ersatz eingetretenen Schadens,
aber nicht die Zuwendung wirtschaftlicher Vorteile bezweckt, ist von der Sozialgesetzgebung nicht nur durch-
brochen, sondern die Zuwendung wirtschaftlicher Vorteile ist sogar Zweck dieser Gesetzgebung und durchzieht
die gesetzlichen Bestimmungen wie ein roter Faden.
Wenn Köhne[21] dies nicht zugeben will, so befindet
er sich in einem schweren Irrtume. Ist es kein wirtschaftlicher Vorteil für die zu den Krankenunterstützung

---

[21] a. a. O.

Berechtigten, dass dieselben nur zwei Dritteile der Beiträge, aus welchen die Unterstützungen genommen werden, das andere Dritteil die Arbeitgeber leisten müssen?
Im technischen Versicherungsausdruck gesprochen, be-
zahlen hier die Berechtigten nicht nur zwei Dritteile
der Prämie? Ist es nicht ein wirtschaftlicher Vorteil
für den Invaliden- oder Altersrente Beziehenden, wenn
der Betrag dieser Renten doppelt so gross ist, als er
nach den von den Berechtigten zu leistenden Beiträge
sein sollte, da der Arbeitgeber die Hälfte der von diesen
Renten in Anspruch genommenen Mitteln zu leisten
hat? Ist der Grundsatz, dass die Versicherung dem
Versicherungsnehmer keinen wirtschaftlichen Vorteil
bringen dürfe, nicht vollkommen beseitigt, da die Unfallrente nach ihrem ganzen Betrage für den Berechtigten
einen wirtschaftlichen Vorteil darstellt, da zur Aufbringung der Mittel für diese Rente der Empfänger
überhaupt nichts leistet?

b) Es spricht ferner gegen die Versicherungsnatur
der U.-A., dass für diese der Fundamentalsatz des
Versicherungsrechts, dass der Berechtigte durch schuld-
hafte Herbeiführung des schädigenden Ereignisses
des Anspruchs auf die Versicherungssumme verlustig
geht, keine Geltung hat. So müssen die Krankenunter-
stützungen auf alle Fälle gewährt werden, wenn auch
der Berechtigte die Krankheit durch culpa herbeigeführt
hat.[22] Ebenso ist der Anspruch auf Unfallrente zu erfüllen,
wenn der Berechtigte durch nachweisbare culpa den Unfall verursacht hat.[23] Ebenso verhält es sich in Beziehung
auf die Invalidenrente.[24] Selbstverständlich ist, dass

---

[22] § 26 Abs. 4 K.-V.-G.
[23] § 5 Abs. 7 U.-V.-G.
[24] § 11 I.- u. A.-V.-G.

derjenige, welcher durch dolus oder infolge eines Verbrechens das schädigende Ereignis herbeigeführt hat, des U. A. verlustig geht, denn eine dolose, in fraudem legis begangene Handlung kann das Gesetz niemals als rechtlich existent anerkennen zur Begründung von Rechten.

c) Ausser diesen schwerwiegenden Gründen gegen die Versicherungsnatur der U. A. spricht noch ferner, dass auch der Rechtssatz, wonach die Versicherung nur für unvorhersehbare, unerwünschte, Vermögensverlust bringende Ereignisse bestimmt ist, nicht zur Anwendung gelangt. Die Ereignisse, für deren Eintritt die U.-A. bestimmt sind, zeigen diesen Charakter nicht. Altersrente erhält wer das 70. Lebensjahr vollendet hat. Die Erreichung des 70. Lebensjahres ist nun kein Ereigniss, das unerwünscht ist, das einen positiven Schaden mit sich bringt, im Gegenteile ist dieses Ereigniss erwünscht jedem normal angelegten Menschen, und hat keinen Vermögensverlust zur Folge, der durch die Altersrente ausgeglichen werden soll, Die Invalidenrente erhält jeder, der dauernd erwerbsunfähig ist. Dieses Ereignis hat nicht den Charakter der Unvorhersehbarkeit an sich wie er für die Versicherung notwendig ist, sondern ist voraussehbar und sicher eintretend, da es die Natur des Menschen mit sich bringt, dass bei einer bestimmten Altersgrenze die Erwerbsunfähigkeit eintritt.

Die Stellung der Versicherung zum Eintritte der schädigenden Ereignisse ist eben eine ganz andere als die der Sozialgesetzgebung zu dem Eintritte der Ereignisse, für welche die U.-A. bestimmt sind. Die Versicherung geht von der Unwahrscheinlichkeit des Eintritts der Verlust bringenden Ereignisse aus, von dem Gedanken, dass die Ereignisse nicht eintreten

3*

sollen, die Sozialgesetzgebung geht von der Wahrscheinlichkeit des Eintritts der Ereignisse aus, von dem
Gedanken, dass die Ereignisse, für welche die U.-A.
bestimmt sind, eintreten werden.

Diese Darlegungen ergeben, dass die Versicherungs-
theorie nicht haltbar ist.

§ 6.
Der Rechtsbegriff der Versorgung.

Nachdem die bisher besprochenen Theorieen über
den Rechtscharakter zurückgewiesen worden sind, hat
der Verfasser die Aufgabe, denselben klarzustellen.
Es sind hiefür zwei Möglichkeiten gegeben. Entweder
findet auf die U.-A. ein schon bestehendes Rechtsgebilde
Anwendung, in welchem Falle solches auf Grund der
gesetzlichen Bestimmungen nachzuweisen wäre, oder die
U.-A. stellen ein in der heutigen Rechtswissenschaft
noch nicht existierendes Gebilde dar. Der Verfasser
glaubt das letztere, er sieht in den U.-A. ein Rechtsgebilde, welches zwar verhüllt und latent im Rechtsleben
verborgen liegt, aber von der Rechtswissenschaft als
selbständiges noch nicht anerkannt und als lebensfähiges
noch nicht formuliert ist, nämlich das Rechtsgebilde der
Versorgung. Ich formuliere **die Versorgung im Rechtssinne als die entgeltliche Leistung eines im Voraus
bestimmten Vermögenswertes zur Sicherung des Lebens-
unterhaltes für den Fall des Eintritts wahrscheinlicher,
die Erwerbsfähigkeit beschränkender oder beseitigender
Ereignisse.** Die Versorgung im Rechtssinne stellt ein
Rechtsverhältnis dar, wonach sich der eine Teil d. i.
der Versorger gegen Entgelt verpflichtet, dem anderen

d. i. dem Versorgungsnehmer eine bestimmte Geldsumme oder sonst einen Vermögenswert repräsentierende Sachen oder Dienste zu leisten für den Fall, dass ein vorherbestimmtes Ereignis von einer gewissen Wahrscheinlichkeit eintritt, welches den ferneren Erwerb des Versorgungsnehmers teilweise oder dauernd vermindert oder unmöglich macht, zum Ge- oder Verbrauche während der Zeit der beschränkten oder vernichteten Erwerbsfähigkeit.

Es sind nun kurz die wesentlichen Merkmale des Versorgungsbegriffes, insbesondere im Gegensatze zu dem Versicherungsbegriff, aufzustellen.

a) Die Versorgung bezieht sich auf Ereignisse, welche die Erwerbsfähigkeit des Versorgungsnehmers beschränken, also für die Zukunft einen Vermögenserwerb vermindern oder unmöglich machen. Dadurch unterscheidet sie sich von der Versicherung, welche sich auf Ereignisse bezieht, welche einen direkten Vermögensverlust mit sich bringen. Bei der Versicherung handelt es sich um einen erlittenen Vermögensverlust, um einen eingetretenen Schaden, bei der Versorgung um einen künftighin nicht mehr zu erlangenden Erwerb, um eine ausbleibende Vermögensschaffung.

b) Die Versorgung bezweckt, Vermögen zu schaffen für Zustände, in welchen der Vermögenserwerb beschränkter ist als sonst, wenn nicht ganz aufgehoben, sie bezweckt die Bereitstellung von Mitteln zur Bestreitung der Bedürfnisse, da solche von der verminderten oder beseitigten Arbeitskraft nicht in der bisherigen Weise hervorgebracht werden können. Sie unterscheidet sich also auch in ihrem Zwecke von der Versicherung, denn diese bezweckt Ersatz eines untergegangenen Vermögens, Erhaltung des Vermögens auf dem Standpunkte, auf welchem dasselbe vor Eintritt des schadenbringenden Ereignisses sich befunden hat. Die Versorgung beginnt ihre Wirksamkeit mit der Gegenwart des eintretenden Ereignisses für die Zukunft, die Versicherung wirkt in der Vergangenheit bis zur Gegenwart des eintretenden Ereignisses. Das eintretende Ereignis ist bei der Versorgung der Anfangspunkt zur Erfüllung ihres Zweckes, bei der Versicherung der Endpunkt ihrer Wirksamkeit und ihres Bestandes.

c) Die Versorgung geht von der Wahrscheinlichkeit des Eintritts der Ereignisse aus, sie fasst die Ereignisse als voraussehbar, unter normalen Verhältnissen als ziemlich sicher eintretend, zum Teil sogar als erwünscht auf. Die Versicherung dagegen geht von der Unwahrscheinlichkeit des Eintritts der Ereignisse aus, fasst die Ereignisse als nicht voraussehbar, als zufällig eintretend auf.

d) Ein wesentliches Merkmal der Versorgung ist auch die Entgeltlichkeit. Es muss daher der Leistung des Versorgers, d. i. desjenigen, welcher den zum Ge- oder Verbrauche bei Eintritt des bestimmten Ereignisses bestimmten Vermögenswert zu liefern hat, ein Aequivalent zum Zwecke dieser Leistung gegenüberstehen.

Nicht wesentlich ist dem Versorgungsbegriff:

e) eine bestimmte Form der Entstehung. Die Versorgung kann also auch z. B. durch Gesetz entstehen.

f) Die gleichzeitige Existenz mehrerer Versorgungsverhältnisse auf Seite des Versorgers. Der Versorger braucht nicht eine die Errichtung von Versorgungsverhältnissen geschäftsmässig betreibende Gesellschaft oder Einzelperson sein.

Die aufgestellten Merkmale sind dem Versorgungsbegriffe eigentümlich, sie müssen daher zutreffen bei dem Rechtsgebilde, für welches man diesen Begriff in Anwendung bringt. So ist nach des Verfassers Ansicht die sog. Altersversicherung eine Versorgung in dem entwickelten Rechtssinne. Die sog. Altersversicherung bezieht sich auf das Eintreten eines bestimmten Alters des Versicherten. Das Eintreten eines bestimmten Alters ist doch zweifellos kein Ereignis, welches einen positiven Schaden, einen Vermögensverlust mit sich bringt, wohl aber eine Beschränkung oder Beseitigung der Erwerbsfähigkeit. Der in dem Rechtsverhältnis der sog. Altersversicherung befindliche bezweckt sicherlich nicht, mit der Versicherungssumme einen Schaden zu ersetzen, welcher durch die Erlangung eines bestimmten Alters eingetreten wäre, sondern ge- oder verbraucht die Versicherungssumme zur Bestreitung seiner Bedürfnisse, da er die hierzu nötigen Mittel durch seine infolge des Alters eingetretenen verminderten oder beseitigten Arbeitskraft nicht mehr hervorbringen kann.

Dagegen ist die Feuerversicherung keine Versorgung, sondern Versicherung. Der Eintritt einer Feuersbrunst ist für den Versicherten ein positiven Schaden hervorbringendes Ereignis, da durch die Zerstörung der Sache das Vermögen um den Wert derselben vermindert wird. Die Versicherungssumme dient nur dem Ersatz des Schadens, der Ausgleichung des Vermögensverlustes.

Der Versorgungsbegriff ist also theoretisch formulierbar, praktisch ausführbar, und ein von dem Versicherungsbegriff verschiedener. Derselbe ist auch schon im heutigen Rechtsverkehr vorhanden, wenn ihn auch die Rechtswissenschaft und das Rechtsleben noch nicht erkannt und ausgebildet hat. Als Versorgung im Rechtssinne betrachtet der Verfasser die sog. Wittwen-

versicherungen, die sog. Lebensversicherung. Für das
letztere Rechtsgebilde treffen die Merkmale der Versicherung nicht zu, wohl aber diejenigen der Versorgung.
Der Tod des Versicherers ist kein Ereignis, welches für
die Hinterbliebenen einen positiven Schaden hervor-
bringt, aber es zerstört mit dem Leben des Versicherers
zugleich auch dessen Erwerbsfähigkeit, die Quelle für
die Herbeischaffung der zum Unterhalte der Hinterbliebenen notwendigen Mittel. Die Lebensversicherungs-
summe bezweckt auch nicht den Ersatz des durch den
Tod des Versicheres eingetretenen Vermögensverlust,
da ein solcher nicht eingetreten ist, sondern die Herbeischaffung von Mitteln zum Ge- oder Verbrauche für
die Hinterbliebenen. Mit der Charakterisierung der
Lebensversicherung als Versorgung im entwickelten
Rechtssinne ist deren Wesen erklärt und deren Rechtscharakter festgestellt. Dieselbe ist daher nicht Versicherung, nicht ein aleatorisches Darlehn, [25]) nicht eine
besonders eigentümliche Art von Darlehen, [26]) nicht
ein Kapitalisationsgeschäft. [27])

Aus den obigen Ausführungen ergiebt sich, dass
die Versorgung von ähnlicher rechtlicher Struktur ist
wie die Versicherung, und dass daher für dieselbe soweit die Grundsätze des Versicherungsrechts analoge
Anwendung finden können, als sie nicht durch die
juristische Eigentümlichkeit der Versorgung und durch
den von dieser zu realisierenden Zweck ausgeschlossen
werden müssen. Dies kann umsomehr geschehen, als
Versorgung wie Versicherung Zweckgebilde des Rechts
sind d. h. Rechtsinstitute, welche ihre Entstehung, Be-

[25]) Thöl, Handelsrecht § 310.
[26]) Laband, in der Strassburger Festschrift 1878.
[27]) Gareis, Lehrb. d. Handelsrechts S. 350.

handlung und rechtliche Ausbildung dem durch sie zu erreichenden Zweck verdanken, Rechtsinstitute, bei welchen der Zweck eine juristisch gestaltende Kraft, einen rechtserzeugenden und rechtsbildenden Faktor bildet. Trotzdem besitzen beide Rechtsfiguren ihre besonderen Merkmale und sind die auf das eine oder andere Rechtsinstitut bezüglichen Rechtsfragen gemäss dem von demselben zu erreichenden speziellen Zweck zu entscheiden. So ist dieser Zweck sehr wichtig bei der rechtlichen Behandlung der dem Berechtigten zukommenden Versicherungs- oder Versorgungssumme.

Bei der Versicherung muss der aus dieser entspringende Vermögenswert, weil Ersatz eines untergegangenen, dieselbe rechtliche Position erhalten wie der untergegangene. War dieser Vermögenswerth der freien Disposition des Versicherungsnehmers unterworfen, so ist es auch jener; war dieser in irgend welcher Richtung belastet, so wird es auch jener; war dieser z. B. wegen eingetretener Zahlungsfähigkeit der Verfügung des Versicherungsunternehmers entzogen, so wird es auch jener. Bei der Versorgung ist es nicht so, denn der aus dieser entspringende Vermögenswert steht in keiner Beziehung zu einem durch ihn zu ersetzenden untergegangenen, sodass seine rechtliche Behandlung diesem untergegangenen folgen müsste. Vielmehr steht die Versorgungssumme dem Versorgungsnehmer zu derselben Verfügung, wie sein übriges Vermögen und muss gemäss ihrem Zwecke, Mittel zu schaffen für den Ge- oder Verbrauch beim Eintritte der Erwerbsfähigkeit beschränkender Ereignisse behandelt werden. Deshalb ist bei allen zweifelhaften Rechtsfragen und bei kollidierenden Interessen ohne Weiteres zu Gunsten der Erhaltung der Versorgungssumme für den Berechtigten zu ent-

scheiden. So ist z. B. bei den Wittwenversicherungen
und Lebensversicherungen, welche für Versorgung im
Rechtssinne vom Verfasser gehalten werden, die Versicherungssumme den Berechtigten zum Ge- oder Verbrauche zu erhalten.

§ 7.
Der Rechtscharakter der Unterstützungs-Ansprüche.

Der Verfasser glaubt, dass der von ihm aufgestellte
Versorgungsbegriff für die U.-A. Anwendung finden
muss und hält die U.-A. für Versorgungsansprüche. Er
hat deshalb den Beweis zu erbringen, dass die wesentlichen Merkmale der Versorgung im Rechtssinne in Beziehung auf die U.-A. Geltung haben.

Vorher jedoch ist die Frage zu untersuchen, ob die
von den Arbeitgebern an die Ortskrankenkassen, Berufsgenossenschaften und Versicherungsanstalten, also
an die Versorger zu leistenden Beiträge irgend welchen
Einfluss auf die Rechtsnatur der U.-A. ausüben. Diese
Frage ist aus folgenden Gründen zu verneinen.

a) Die U.-A. entstehen durch Gesetz und dadurch
ist eben jeder rechtliche Einfluss der Beiträge der Arbeitgeber auf die Rechtsnatur der U.-A. ausgeschlossen.
Die Arbeitgeber haben ihre Beiträge zu leisten, ohne
dass sie irgendwelche Bestimmungen für die Verwen-
dung derselben treffen, ohne irgendwie in das zwischen
den Unterstützungsberechtigten und den Versicherungsträgern bestehende Rechtsverhältnis einwirken zu können.

b) Die Beiträge der Arbeitgeber sind der thatsäch-
liche Ausdruck des in der Sozialgesetzgebung aufge-

stellten staatsrechtlichen Grundsatzes, dass der Staat das einzelne Individuum in wirtschaftlich schwachen Zuständen mit Hilfe der Gesamtheit, welche in diesem Falle diejenigen, welche die Arbeitskraft der Unterstützungsberechtigten benützen, zu vertreten haben, zu unterstützen hat. Die Beiträge der Arbeitgeber stellen den wirtschaftlichen Vorteil dar, welche den Berechtigten zugewendet wird, ohne dass zwischen diesen Beiträgen und den U.-A. ein rechtlicher Konex besteht.

c) Die Summe der Beiträge der Arbeitgeber bildet auch nicht ein Sondervermögen, aus welchem jedem einzelnen Berechtigten ein Zuschuss neben der Leistung der Versicherungsträger gegeben würde. Sobald die Beiträge der Arbeitgeber an die Versicherungsträger abgegeben sind, bilden sie zusammen mit den Beiträgen der Unterstützungsberechtigten eine einheitliche selbstständige, im Eigentum der Versicherungsträger stehende und von diesen verwaltete Masse, aus welcher die einzelnen Unterstützungen genommen werden.

Noch weniger Einfluss auf die Rechtsnatur der U.-A. kann der vom Reiche zu gewährende Zuschuss zur Invaliden- und Altersrente üben. Dieser Reichszuschuss ist der klare und unzweideutige Ausdruck des unter sub b bezeichneten Grundsatzes, derselbe ist deshalb für die Rechtsnatur der aus dem I.- u. A.-V.-G. resultierenden U.-A. gleichgiltig, weil er nicht nur die rechtliche Existenz, sondern auch den Zeitpunkt des Anfangs der Erfüllung derselben voraussetzt. § 19 leg. cit. sagt: Seitens des Reiches erfolgt die Aufbringung der Mittel durch Zuschüsse zu den in jedem Jahre thatsächlich zu zahlenden Renten." Der Reichszuschuss ist für den Berechtigten ein an die Thatsache der Beziehung von Invaliden- und Altersrente geknüpftes,

seiner Entstehung, Dauer und Endigung nach mit dieser
Thatsache sich deckendes Forderungsrecht.

Der Verfasser geht nun zu dem Beweise über,
dass die U.-A. Versorgungsansprüche sind.

a) Es ist als ein Grundsatz der Versorgung aufgestellt worden, dass dieselbe von der Wahrscheinlichkeit und einer gewissen Voraussehbarkeit des Eintritts
der Ereignisse, auf welche sie sich bezieht, ausgeht.
Dieser Grundsatz gilt auch für die Ereignisse, auf welche
die U.-A. sich beziehen, denn gerade die Wahrscheinlichkeit und die Häufigkeit des Eintritts dieser Ereignisse und die dadurch herbeigeführte wirtschaftliche
Bedrängnis und Vernichtung der Arbeiter ist der An-
lass und durchgehends leitende Gesichtspunkt für die
Sozialgesetzgebung gewesen.

b) Es ist ferner als ein Merkmal der Versorgung
aufgestellt worden, dass sie für Ereignisse bestimmt
ist, welche, weil die Erwerbsfähigkeit beschränkend
oder beseitigend, den zukünftigen Vermögenserwerb
vermindern oder unmöglich machen. Als solche Ereignisse sind auch diejenigen zu betrachten, für welche
die U. A. bestimmt sind.

Der Eintritt in das 70. Lebensjahr, für welchen
die Altersrente bestimmt, ist kein positiven Schaden
bringendes Ereignis, sondern ein solches, welches entweder Beseitigung oder doch merkliche Minderung der
Arbeitskraft und dadurch Unmöglichkeit oder Schmä-
lerung zukünftigen Vermögenserwerbes mit sich bringt.

Gleiches ist der Fall bei dem Eintritt der teilweisen
oder dauernden Erwerbsunfähigkeit, für welchen die
Invalidenrente festgesetzt ist. Diesen Ereignissen kann
nicht der Charakter derjenigen zugesprochen werden,
wie solche die Versicherung im Rechtssinne voraus-

setzt, denn durch den Eintritt derselben geht kein Vermögen unter, welches die Invalidenrente ersetzen müsste. Der Eintritt eines Unfalls ist von demselben Gesichtspunkte aus zu betrachten, er ist nach gesetzlicher Vorschrift eine auf bestimmte Art, d. i. durch die Beschäftigung in einem versicherungspflichtigen Betriebe herbeigeführte teilweise Erwerbsunfähigkeit. Tritt durch den Unfall der Tod ein, so ist jener Zustand gegeben, wie er die Voraussetzung für die sog. Lebensversicherung bildet, welche vom Verfasser oben als Versorgung im Rechtssinne nach jeder Richtung definiert wurde.

Das Eintreten einer Krankheit kann deren Begriffe nach als ein Ereignis aufgefasst werden, wie es sowohl die Versicherung als die Versorgung im Auge hat. Da die Krankheit jedoch nur eine Kategorie der Ereignisse bildet, für welche die U.-A. bestimmt sind, so ist wohl klar, dass sie für den Gesetzgeber unter jenen Gesichtspunkt fällt, wie solcher für die übrigen Arten der Ereignisse massgebend war.

c) Es ist ferner ein wesenliches Moment der Versorgung, dass der durch dieselbe gewährte Vermögenswert die Bereitstellung von Mitteln zum Ge- oder Verbrauche bei dem Eintritt der erwerbsbeschränkenden Ereignisse bezweckt, dass derselbe ohne in irgend welcher Rechtsbeziehung zu einem untergegangenen Vermögensstücke des Versorgungsnehmers stehend, seinem Zwecke soviel wie möglich erhalten bleiben soll. Diese Merkmale finden sich auch bei den U.-A.

Der Zweck der U.-A. ist, den Berechtigten in den Vermögenserwerb ausschliessenden Zuständen die Mittel zur Bestreitung ihrer und ihrer Familie Bedürfnisse zu gewähren. Zur Erhaltung dieses Zweckes für die Berechtigten in allen Fällen hat das Gesetz sogar

den Grundsatz der Unübertragbarkeit, Unverpfändbarkeit
und Unpfändbarkeit[28]) für die U.-A. und die aus denselben
sich ergebenden Vermögenswerte proklamiert. Dieser
Grundsatz stempelt die U.-A. zu einer resextra commer-
cium, wodurch den Arbeitern die Versorgungssumme ge-
sichert, auch im Falle der Ueberschuldung, und jeder
Anspruch dritter auf dieselbe ausgeschlossen ist. Diese
Eigenschaft der U.-A., welche manche Schriftsteller zur
Charakterisierung der U.-A. als öffentlichrechtlicher veranlasst hat, andere als singuläre, andere sogar als Ano-
malie[29]) auffassen, ergiebt sich für den Verfasser aus
ihrem Rechtscharakter als Versorgungsansprüchen.

d) Auch das der Versorgung wesentliche Merkmal
der Entgeltlichkeit findet sich bei den U.-A. Den Leistungen der Krankenkassen stehen die der Arbeitgeber
und der Berechtigten gegenüber; den Leistungen der
Berufsgenossenschaften entsprechen die der Arbeitgeber;
die Versicherungsanstalten bestreiten ihre Verflichtungen
aus den Beiträgen der Arbeitgeber und Versorgungsnehmer.

e) Nicht wesentlich der Versorgung ist die Existenz
einer Mehrzahl von Versorgungsverhältnissen auf Seite
des Versorgers. Dieser Umstand, welcher von Praxis
und Theorie als ein der Versicherung wesentlicher aufgestellt wird, trifft bei den U.-A. gleichwohl zu, aber
ohne irgendwie die Rechtsnatur derselben zu beeinflussen.
Dieser Umstand dient auch nicht, wie bei der Ver-

---

[28]) Vgl. §§ 56 K.-V.-G., § 68 U.-V.-G., § 40 I.-u. A.-V.-G.
Die Bestimmung, dass für gewisse Forderungen die Pfändbarkeit
der U.-A. nach den beiden zuletzt citierten §§ zugelassen, ist
eine aus humanitären Interessen abgeleitete und dadurch gerecht-
fertigte Ausnahme.

[29]) So Mandry a. a. O.

sicherung dem spekulativen Interesse des zur Leistung der U.-A. Verpflichteten, sondern ist eine notwendige Folge der Aufstellung der Versicherungsträger als verpflichteter Rechtssubjekte, welchen auch zugleich die Vereinigung und Eintreibung der einzelnen Beträge zu der Gesamtmasse obliegt, aus welcher die Unterstützungen fliessen. Dieser Umstand bietet auch zugleich sowohl den beitragspflichtigen Arbeitgebern wie Arbeitern die Vorteile der Versicherung im wirtschaftlichen Sinne in Beziehung auf die Aufbringung der Mittel, und so wohlthätig sich die Verwertung dieses Gedankens in dieser Beziehung erweist, auf Entstehung und Rechtscharakter der U.-A. selbst, welche mit der Methode der Aufbringung der zu ihrer Erfüllung notwendigen Mittel ohne Zusammenhang sind, übt dieser Gedanke keine Wirkung, wenn derselbe auch den Gesetzgeber veranlasst hat, sein Werk mit dem Namen Versicherung zu taufen.

Die U.-A. sind privatrechtliche Versorgungsansprüche. Der Begriff der Versorgung im entwickelten Rechtssinne giebt die Erklärung der für die U.-A. aufgestellten gesetzlichen Bestimmungen, und bietet zugleich die Handhabe für die gedeihliche Lösung der in Beziehung auf die U.-A. sich ergebenden Rechtsfragen.

§ 8.

Literaturübersicht.

Es sind hier diejenigen literarischen Arbeiten anzuführen, in welchen die rechtliche Natur der U.-A. beleuchtet und begründet worden ist.

Köhne, der Charakter und die systematische Stellung des Arbeiterversicherungsrechts in der Zeitschrift für das gesamte Handelsrecht von Goldschmidt. 37. Band. (Neue Folge Bd. 22) S. 76.

Menzel, die rechtliche Natur der Unterstützungsansprüche aus den Reichsgesetzen über die Kranken- und Unfallversicherung der Arbeiter, i. Archiv für bürgerliches Recht von Kohler und Ring Bd. I 1889 S. 327

Häpe, das Krankenversicherungsrecht nach dem Reichsgesetze vom 11. Juni 1883.

Rosin, das Recht der öffentlichen Genossenschaft. S. 56.

Pröbst, die Kranken- und Unfallversicherung der Arbeiter nach der Reichsgesetzgebung, i. Annalen des deutschen Reichs von Hirth u. Seydel, Jahrgang 1888 S. 319.

Gierke, die Genossenschaftstheorie und die deutsche Rechtsprechung. S. 285 Note 1.

Mandry, der civilrechtliche Inhalt der Reichsgesetze. 3. Aufl. S. 434.

Bornhack, Preussisches Verwaltungsrecht. Bd. II Abschn. IV 6.

Rosin, im deutschen Wochenblatt Jahrg. Nr. 30.

Piloty, das Reichsunfallversicherungsrecht. S. 168.

Meves, Gesetzgebung des deutschen Reiches, Bd. II S. 338.

Laband, Reichsstaatsrecht, Bd. II S. 243 ff.